労働衛生の3管理

作業環境管理

作業管理　　　　　健康管理

もくじ

※「テレワークガイドライン」は「テレワークの適切な導入及び実施の推進のためのガイドライン（厚生労働省）」、
　「情報機器作業ガイドライン」は「情報機器作業における労働衛生管理のためのガイドライン（厚生労働省）」の略称です。

作業環境管理

テレワークを行う際の作業環境チェックリスト

❶ このチェックリストは、自宅などにおいてテレワークを行う際の作業環境について、テレワークを行うみなさん本人が確認するために活用いただくことを目的としています。

❷ すべての項目に☑が付くように、不十分な点があれば勤務先と話し合って改善を図るなど、適切な環境下でテレワークを行いましょう。

 すべての項目について確認し、当てはまるものに☑を付けてください。

1 作業場所やその周辺の状況について

(1) 作業などを行うのに十分な空間が確保されていますか。

【観点】 ☐ 作業の際に手足が伸ばせる
☐ 体操やストレッチを適切に行うことができる
☐ 物が密集せず、窮屈に感じない

(2) 無理のない姿勢で作業ができるように、机、椅子、ディスプレイ、キーボード、マウスなどが適切に配置されていますか。

【観点】 ☐ からだに合うように、作業機器との高さや距離などの調整をしている
☐ クッション、座布団などを活用し、快適な姿勢保持を行っている

(3) 転倒することがないように整理整頓されていますか。

【観点】 ☐ つまずき、すべりにつながる障害
（たたみやカーペットの継ぎ目、
電気コードなど）をとりのぞいている
☐ 書類の整頓ができている

 職場以外の場所でも安全行動を心がけ、安全・快適に働ける環境にしましょう。

(4) その他事故を防止するための措置はとられていますか。

【観点】 ☐ 電気コード、プラグ、コンセント、配電盤は良好な状態にある
☐ 地震の際などに物の落下や家具の転倒が起こらないよう、必要な措置をとっている

2 作業環境の明るさや温度等について

(1) 十分な明るさがありますか。

【観点】☐ 部屋の照明で不十分な場合は、卓上照明等を用いて適切な明るさにしている
☐ 書類を支障なく読むことができる
☐ 画面に光が映り込まないように、ブラインドやカーテンで
調整できるようにしている(まぶしさ(グレア)を防止する)

point 手元は、原稿や図面などを見るための必要な照度を保ちましょう。

(2) 冷房、暖房、通風等を作業に適した温湿度に調整できますか。

【観点】☐ エアコンは故障していない
☐ 窓を開放することができる
☐ 冷暖房の空気が直接目やからだに当たらないように
調整できている

point 室温は17〜28℃、相対湿度は40〜70%が適切といわれています。

(3) 騒音等がない状況となっていますか。

【観点】☐ テレビ会議などの音声が聞き取れる
☐ 騒音などで集中力を欠くようなことがない

(4) 換気を適切に行っていますか。

【観点】☐ 作業の際に、窓や入口のドアを適宜開閉して、空気の入れ換えを行っている
☐ 石油ストーブなどの燃焼器具を使用する時は、適切に換気・点検を行っている

3 休憩等について

(1) 作業中に水分補給、休憩(トイレ含む)を行うことができますか。

【観点】☐ 水分補給の飲み物を準備できている
☐ 作業の開始、終了などの時間管理や気持ちのメリハリができている

4 その他

(1) 自宅の作業環境に大きな変化が生じた場合や心身の健康に問題を感じた場合に、相談する窓口や担当者の連絡先は把握していますか。

【観点】☐ 情報機器の不具合などの支障がなく、快適な通信環境が整っている
☐ 周囲に相談できる人がいる(上司、同僚、家族、友人、勤務先の相談窓口など)
☐ 公的な相談窓口を知っている

point いつもと同じ体調かどうか、
自分の健康状況を把握しましょう。

働く人のメンタルヘルス・ポータルサイト
「こころの耳」の情報を参考にしましょう。
https://kokoro.mhlw.go.jp/agency/

記入日：　　　　　年　　　　月　　　　日　　氏　名：

作業管理

1 時間管理

オン・オフの
メリハリをつけよう

**テレワーク中でも仕事とプライベートの時間を
区切り、オンとオフの気持ちを切り替えましょう。**

● 就業中の時間をタイマー等で管理し、1日の時間割を決めて、
仕事と休憩をしっかり区切る

● 出社時と同じ服装、化粧などで「仕事モード」に切り替える
（急なウェブ会議にも対応できる）

● 最寄り駅まで往復し疑似出勤する（運動不足解消のためにも）

● 終業時間には道具を片付け、仕事から離れる

● 終業後は、翌日できる内容であれば、再び仕事に戻らない

● 仕事始め、終わりに、メールのチェック等、自分なりの
ルーティン（決まりごと）を行ってメリハリをつける

作業時間

情報機器作業における作業時間については、**一連続作業時間は60分以内が基本**です[3]。その中で小休止を何回か入れたり、作業を休止する時間を設けるということになります。ここで留意することは、小休止や作業休止時間は休憩時間というわけではなく、情報機器の作業以外の業務を行う時間と捉えます。例えば、体操を実施する、遠くを眺める、コピーをとりに行く、メモを作成する、書類を持参する等、ディスプレイから離れる時間を設けるということです。もちろん、全体で休憩時間として一斉に休みを取ることも含まれます。

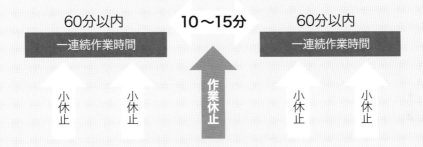

**小休止・作業休止時間は、休憩時間ではなく、
情報機器作業以外の仕事をしたり体操などをする時間**

また、画面を長時間見続けることで、眼精疲労や姿勢拘束による首・肩・腰の痛みなど、さまざまな健康上の問題を引き起こす可能性があります。【20-20-20ルール】[4]も実践するとよいでしょう。

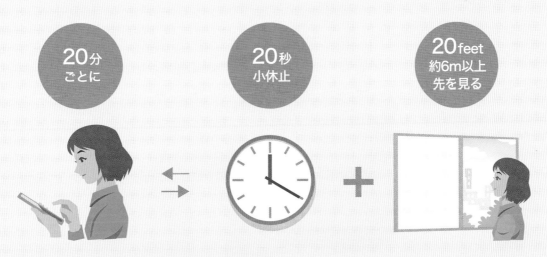

**スマートフォン・タブレット等の情報機器を使用する場合は、20分ごとに休憩をとり、
20フィート（約6m）以上先にある対象物を少なくとも20秒間見ましょう。**

からだへの負担が
少ない姿勢を保つには

2
作業姿勢

情報機器作業 ガイドライン対応

からだへの負担を少なくするため、作業しやすい椅子や机、
作業に適した機器を選びましょう。

椅子

・安定していて、簡単に移動できる
・座面の高さを調整できる
・背もたれの傾きを調整できる
・肘かけがある

パソコン

・ディスプレイ画面上の照度は
　500ルクス以下を目安とし、
　輝度やコントラストが調整で
　きるものを選ぶ
・キーボードとディスプレイは
　位置を調整できるとよい
・操作しやすいマウスを使用する

机

・必要なものが配置できる広さ
　がある
・作業中に脚が窮屈でない空間
　がある
・体形にあう高さに調整できる

40cm 以上

90 度以上

これでは疲れは増すばかり

いつもどんな姿勢でパソコン作業をしていますか？
次のような悪い姿勢になっていないか、自分の作業をチェックしてみましょう。

画面が ## 近い	椅子が ## 低い	からだを ## ひねる

●目が疲れます ●背中が丸くなり、 　呼吸が浅くなります	●首に負担がかかります ●目の疲れや乾きに 　つながります	●姿勢が偏り、首・肩・腰の 　痛みにつながります

座りすぎなどの不活動によって健康リスクが高まります。職場ではコピーをとりに立ち上がったり、座位を中断することもありますが、自宅などでは座りがちになるので意識的に立ち作業を組み合わせましょう（立位で行う体操P10参照）。

最近では、スマートウォッチやアプリなどに、座りすぎを教えてくれる機能が搭載されているものもあるので活用してみるとよいでしょう。

コラム　座りすぎによる健康リスク

❶「身体不活動」が死亡の危険要因に[5]

全世界における死亡の危険因子として、身体活動や運動を日常的に行わない「身体不活動」が多いことがWHO（世界保健機関）から報告されています。座りすぎが続くと、からだを動かさない「身体不活動」の状態になります。肥満、高コレステロール（脂質異常）よりも危険とされています。

死亡の危険因子

1位 高血圧（12.8%）	4位 身体不活動（5.5%）
2位 喫煙（8.7%）	5位 肥満（4.8%）
3位 高血糖（5.8%）	6位 高コレステロール 　　（脂質異常）（4.4%）

❷長く座りすぎていると死亡リスクが高まる[6]

オーストラリアで実施された22万人規模の調査で、45歳以上の成人男女を3年間追跡した結果、座る時間が1日4時間未満の場合に比べて、11時間以上では、死亡リスクが40%高まるという結果が報告されています。また、テレビを1時間じっと座って見続けると、寿命が22分短くなるといわれています。

健康管理

作業中に、次の症状を自覚したら、疲労のサインかもしれません。
一つでも当てはまる場合は、疲れをため込まないために**セルフケア**をしましょう。

こんな症状ありませんか

- ☐ 目が疲れる
- ☐ 目が乾く（ドライアイ）
- ☐ 視力の一時的な低下
- ☐ 首・肩のこり、痛み
- ☐ 腕・腰などがだるい
- ☐ 集中が途切れる
- ☐ あくびが出る

1 体操

からだの縮こまり ストップ体操

長時間の座位は、健康リスクを高めます。少なくとも**1時間に1回は立ち上がり**、からだを伸ばしましょう。

伸びている
ところを
意識する

1 足を肩幅に広げて立つ

2 片手を腰にあて、
もう一方の手は
上に伸ばす

3 腰に手をあてたほうに
からだを倒す

お尻ほぐし体操

長時間の座位はお尻の筋肉が硬くなり、足のむくみや、腰痛にも影響します。**無理せず、気持ちよい程度**に行いましょう。

1 座って片足をもう片方の上にのせる

2 のせている足のお尻が伸びるのを感じる

3 余裕があれば、足をのせた側の手で膝を下方向に押すさらに、からだを前傾させると伸びが深まる

4 足をのせた際、足首からふくらはぎ、膝にかけて"さする"とむくみ対策にもなる

足を組んだ側の手で膝を下方向に押す

猫背にならないように背すじを伸ばして行う

お尻が伸びるのを感じる

眼精疲労に

情報機器の画面を集中して見ると、ピントを合わせるために、目の周りの筋肉に負担がかかります。意識的にまばたきをして、目の潤いを保ちましょう。目の疲れは、頭痛や肩こりの原因になります。

ギュッと閉じる

パッと開く

いろいろな疲れに、ツボ押しで疲労回復

ツボ押しは特別なグッズなども必要なく、手軽にできる方法です。自分にとって気持ちよい力加減で、気持ちよい場所を押すとよいでしょう。押すときにぐりぐり押したり、むやみに強く押したりすると、筋肉を緊張させ、逆効果になることもあるので注意しましょう[7]。

合谷（ごうこく）

親指と人差し指の骨の交わる内側のくぼみ

効果

頭痛、歯・歯茎の痛み、のどの腫れ・痛み、疲れ目、耳鳴り、手のしびれや痛み、胃けいれん、腹痛、下痢、便秘、むくみ、だるさと疲れ等、さまざまな症状に効果がある

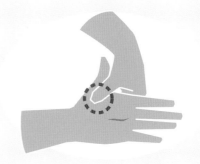

手三里（てさんり）

肘を曲げてできるシワから指幅3本分離れたところ（腕に力を入れると盛り上がる場所）

効果

胃腸症状、吹き出物・湿疹、手・肘・顔面のまひ、腕の神経痛、歯・歯茎の痛み、のどの腫れ・痛み、胸やけ、精神の安定等に活用される

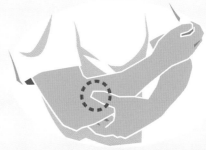

百会（ひゃくえ）

両耳の先端から真上に上がった線と、鼻先から真上に上がった線が交差するところ

効果

めまい、立ちくらみ、乗り物酔い、二日酔い等の全身症状、疲れ目、鼻づまり、頭痛、耳鳴り、寝違え、首肩のこり等、応用範囲が広く、多くの症状に効果がある

天柱（てんちゅう）

うなじの髪の生え際で2本の太い筋肉の外側のところ

効果

だるい、疲れやすい、のぼせる、冷える等の全身症状、頭痛、めまい、疲れ目、首後ろや肩のこり、心身のさまざま症状をやわらげる頭部の重要なツボである

今に集中! 呼吸法

日常生活では、現在進行中の作業や課題とは無関係な事柄（過去への後悔、未来への不安など）へと注意が向くマインドワンダリングな状態が、少なくとも思考の30〜46.9%を占めているといわれています[8]。蜂の呼吸法を行い、今起きている事象に集中（マインドフルネス）します。ネガティブな感情による精神的疲労を軽減しましょう。

ん〜

蜂（はち）の呼吸法（ブラーマリ）

❶ 体をリラックスさせる

❷ 指を軽く耳に入れる

❸ 軽く口を閉じ、「ん〜」と
　 息を吐きながら音を出す
　 （鼻の奥でハミングするように）

❹ このとき、頭に音が響くのを感じる

1日1回は、自分だけのセルフケアタイムを持とう

例えば・・・

昼

朝

夜

笑える動画を見る

お気に入りのお茶を飲む

お風呂でリラックス

そのほかにも
・好きな音楽を聴く
・寝る前にストレッチする　など

4 コミュニケーション

テレワークでは、「ちょっとしたときに話しかけられない」、「微妙なニュアンスが伝わらない」、「部下の仕事の確認がしづらくて心配」、「部下の指導の仕方に気を遣う」、「チームの一体感の作り方、モチベーションの上げ方が難しい」などのコミュニケーションが課題です。たわいのない雑談的な一言を加えるなど、人間らしい会話のプラスアルファを心がけましょう。

こんなときどうする？

報告・相談したいけど、タイミングが分からないときは？

対面する機会がないテレワークでは、メールや電話、Webなどを使いわけて、こまめに確実に伝えることが大切です。

一人での仕事が多く、職場のチームワークが感じられないときは？

朝礼や終礼時などに、1日1回はメールだけでなく電話やWebミーティングなどで声を介したやり取りをしましょう。

Webミーティングでも活発に意見交換するには？

時間に余裕を持って入室することで「心理的安全性の場」※を作り、安心して発言・行動できるようにしましょう。

※非難や拒絶される不安を感じることなく、自然な自分をさらけ出せる状態。

多様な働き方にも規則正しい生活は基本!!

睡眠と食事と運動が大切です。睡眠は、体の機能回復に欠かせません。
質のよい睡眠をとるには、バランスのよい食事や、日中の適度な運動が大切です9)。

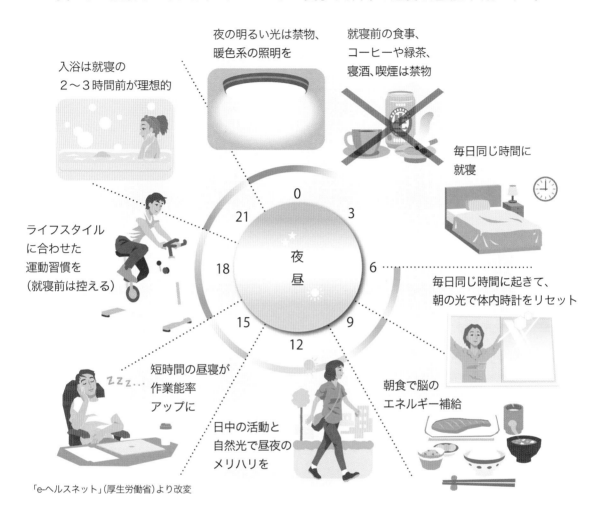

入浴は就寝の
2～3時間前が理想的

夜の明るい光は禁物、
暖色系の照明を

就寝前の食事、
コーヒーや緑茶、
寝酒、喫煙は禁物

毎日同じ時間に
就寝

ライフスタイル
に合わせた
運動習慣を
(就寝前は控える)

毎日同じ時間に起きて、
朝の光で体内時計をリセット

短時間の昼寝が
作業能率
アップに

朝食で脳の
エネルギー補給

日中の活動と
自然光で昼夜の
メリハリを

「e-ヘルスネット」(厚生労働省)より改変

規則正しい生活を送るためのワンポイント

**食事(ランチ)が
いい加減になりがち‥‥**
- 朝食の際にワンプレートランチを準備しておく
- 気分転換にテイクアウトのランチを買いに行く

**仕事とプライベート時間が
区別しにくい‥‥**
- 「業務開始ヨシ!」「業務終了ヨシ!」と
  声をだして、気持ちを切り替える

運動不足になりがち‥‥
- 最寄り駅まで疑似出勤する
- 立位でその場足踏みをする

ヨシ!

その場でできる体操例(中災防HP内　転倒・腰痛予防!「いきいき健康体操」)
https://www.jisha.or.jp/age-friendly/index.html

参考資料

1)「テレワークに関する調査2020」日本労働組合総連合会、2020年
　　https://www.jtuc-rengo.or.jp/info/chousa/data/20200630.pdf

2)「テレワークの適切な導入及び実施の推進のためのガイドライン」厚生労働省、2021年
　　https://www.mhlw.go.jp/content/000759469.pdf

3)「情報機器作業における労働衛生管理のためのガイドライン」厚生労働省、2019年
　　https://www.mhlw.go.jp/content/000539604.pdf

4)「タブレット・スマートフォンなどを用いて在宅ワーク・在宅学習を行う際に実践したい7つの人間工学ヒント」
　　一般社団法人日本人間工学会、2020年
　　https://www.ergonomics.jp/official/page-docs/product/report/7tips_guideline_0623_Jp_final.pdf

5) World Health Organization : Global health risks :
　　mortality and burden of disease attributable to selected major risks. Geneva,2009.

6) van der Ploeg HP,Chey T,Korda RJ,et al. Sitting time and all-cause mortality risk in 222 497 Australian adults.
　　Archi Intern Med 2012; 172: 494-500.

7) 芹澤勝助(筑波大学名誉教授　東京健康づくり東洋療法センター長)「図解よくわかるツボ健康百科」主婦と生活社、1997年

8) Killingsworth MA,Gilbert DT.A wandering mind is an unhappy mind.Sience 2010; 330: 932

9) e-ヘルスネット　厚生労働省　生活習慣病予防のための健康情報サイト
　　https://www.e-healthnet.mhlw.go.jp/information/heart/k-01-004.html

多様な働き方時代の
こころ からだ セルフケア

令和3年7月30日　第1版第1刷発行

編　者　中央労働災害防止協会

発行者　平山　剛

発行所　中央労働災害防止協会

　〒108-0023　東京都港区芝浦3丁目17番12号　吾妻ビル9階

　販売／ TEL：03-3452-6401

　編集／ TEL：03-3452-6209

　ホームページ　https://www.jisha.or.jp

デザイン・イラスト　株式会社アルファクリエイト

印刷・製本　株式会社丸井工文社

◎乱丁、落丁はお取り替えします。

©JISHA 2021　21620-0101

定価：275円(本体250円＋税10%)

ISBN978-4-8059-1997-2　C3060　¥250E